Die ultimative Witzesammlung

für Erwachsene

Davy Siger

Bibliografische Information der Deutschen
Nationalbibliothek:
Die Deutsche Nationalbibliothek verzeichnet diese
Publikation in der Deutschen Nationalbibliografie;
detaillierte bibliografische Daten sind im Internet über
http://dnb.dnb.de abrufbar.

Herstellung und Verlag: BoD – Books on Demand,
Norderstedt

ISBN: 9783757811914

Inhalt

Einleitung

Menschen, die mich zum Lachen bringen, haben bei mir sofort einen Stein im Brett. Du bringst mich zum Lachen? Herzlichen Glückwunsch, du bist mein neuer bester Freund!

Neulich war ich in einer Buchhandlung, um mein Witzebuch zu promoten. Dort traf ich auf eine Buchhändlerin, die gerade einen stinkigen Kunden abfertigte – charmant wie ein Kaktus im Schlafzimmer.

Die Arme war sichtlich gestresst. Endlich war der unhöfliche Kunde weg, doch ihre Aufregung hielt noch an. In diesem Moment blickte ich sie an und sagte: „Kerle wie der da sind wie Regenwolken. Wenn sie sich verziehen, kann es noch ein schöner Tag werden."

Boom! Da war es – das Lächeln! Ihr Gesicht erhellte sich und die Anspannung fiel von ihr ab. Und das, meine Freunde, war der perfekte Eisbrecher für mein Witzebuch!

Dieses Buch gleicht einer bunten Tüte voller Witze: versaut, frech und sogar kindgerecht. Für diejenigen, die es gerne etwas deftiger mögen, habe ich ebenfalls ein paar saftige Brocken eingefügt!

Doch sei gewarnt: Die meisten Witze in diesem Buch sind definitiv nichts für Kinderohren. Deshalb habe ich jedoch ein spezielles Kapitel nur mit Witzen für Kinder vorbereitet, denn jeder liebt einen guten Witz, nicht wahr?

Mit diesem Buch kannst du jedem Menschen begegnen – egal, ob er auf anzügliche Witze steht, leichten Humor bevorzugt, ein Kind ist oder sogar kein Deutsch spricht. Du wirst immer den passenden Witz parat haben.

Falls du zu denjenigen gehörst, die Witze auf die Goldwaage legen oder mit Humor auf Kriegsfuß stehen, dann schenke dieses Buch am besten einem guten Freund, der einen unerschütterlichen Sinn für Humor besitzt.

Aber jetzt lasst uns zur Sache kommen. Was macht eigentlich einen guten Witzeerzähler aus? Selbst mir ist es schon passiert, dass ich einen bewährten Witz, der viele Male super ankam, total vermasselt habe.

Die Gründe dafür könnten sein:

- Falsches Timing

- Falsches Publikum

- Falscher Witz

Doch selbst wenn der Witz nicht so gut ankommt wie erhofft, nimm es mit Humor und höre niemals auf, Spaß zu haben.

Ein passender Witz zur richtigen Zeit kann sogar unangenehme Situationen retten oder einem traurigen Kumpel ein Lächeln entlocken. Ein herzhaftes Lachen befreit, vertreibt die dunkelsten Wolken und ist schließlich die beste Medizin.

Ob du nun ein Gedächtnis wie ein Sieb hast und Witze ständig vergisst oder ein geborener Spaßvogel bist, es schadet nie, einen guten Witz in petto zu haben. Nun aber genug der Worte – viel Spaß beim Lesen und Teilen der Witze!

Mit den besten Grüßen,

Davy

Witze aller Art

Zwei Polizisten finden eine Leiche vor einem Gymnasium. Fragt der eine den anderen: „Du, sag mal wie schreibt man eigentlich Gymnasium?"

Sagt der andere: „Ah Scheiße, komm, wir schleppen ihn rüber zur Post".

Meine Frau meinte zu mir, dass ich endlich aufhören soll mit dem Funkgerät zu spielen, oder sie verlässt mich.

- Over

Ein Rentner Ehepaar... Steht die Frau nackt vor dem Mann und schaut ihn verführerisch an.

Sagt der Mann: „Was soll denn das?"

Frau: „Das, ist das Kleid der Liebe"

Mann: „Könnte auch mal wieder gebügelt werden!"

Drei Kinder unterhalten sich.

Der erste meint: „Meine Mutter hat einen so großen Mund, da passt eine ganze Faust rein!"

Der zweite: „Ach, das ist gar nichts! Meine Mutter hat einen so großen Mund, da passen 3 Äpfel rein."

Der dritte: „Das ist gar nichts! Ich habe letztens meine Eltern belauscht. Da habe ich gehört wie mein Papa gesagt hat: „Jetzt stell doch mal den Fernseher aus und nimm ihn in den Mund"

Eine junge Frau kauft im Supermarkt ein und legt auf das Kassenband einen Liter Milch, eine Zahnbürste, ein Päckchen Butter und eine Tiefkühlpizza.

Die Kassiererin schaut die junge Frau an und sagt: „Hmm ich sehe, Sie sind Single!"

Die Frau ganz verblüfft: „Wow, ja wie konnten Sie das erkennen?"

Die Kassiererin: „Naja, Sie sind hässlich."

Was haben Zigaretten und Hamster gemeinsam?

Sie sind beide komplett harmlos, bis man sie in den Mund nimmt und anzündet.

Ein amerikanischer Geschäftsmann setzt sich nach Kanada zur Ruhe in ein abgelegenes Haus im Wald. Meilen weit keine Nachbarn. Nach ein paar Wochen klopft es plötzlich an der Tür und vor ihm steht ein großer Kerl:

„Hi, mein Name ist Tom. Ich wohne ein paar Meilen weiter südwestlich und wollte dich zu meiner Geburtstagsfeier morgen einladen."

Geschäftsmann: „Ja klar, ich komme gerne!"

Tom: „Oh, aber eins muss ich dir vorab sagen. Es wird richtig gesoffen!"

Geschäftsmann: „Alles klar!"

Tom: „Und es kann sein des es etwas Krach gibt!"

Der Geschäftsmann leicht verunsichert: „Okay..."

Tom: „Aber am Schluss wird auf jeden Fall richtig gefickt!"

Geschäftsmann: „Na gut, ich komme. Gibt es einen Dresscode? Was soll ich anziehen?"

Tom: „Ist mir egal, wir sind eh nur zu zweit!"

„Papi, warum hast du eigentlich Mami geheiratet?"

„Siehst du Steffi, die Kinder können es auch nicht verstehen!"

Paul zu seinem Vater: „Papa, Fritz hat mich in der Schule Schwuchtel genannt"

Vater: „Dann hau ihm eine aufs Maul"

Paul: „Aber er ist so süß"

Steht ein Junge im Spielwarenladen vor einem Regal mit Schlümpfen.

Kommt eine Mitarbeiterin zu ihm und sagt:

„Hey Kleiner, soll ich dir einen runter holen?"

Der Junge antwortet: „Ja, aber erst möchte ich meinen Schlumpf!"

Tochter zum Vater: „Papa mein Freund hat mir etwas gesagt das ich nicht verstehe: Er meint ich habe ein tolles Fahrgestell, krasse Hupen und ein ordentliches Heck."

Vater: „Sag deinem Freund, wenn er deine Motorhaube aufmacht und versucht deinen Ölstand mit seinem Peilstab zu prüfen, werde ich ihm seine Schrauben so stark anziehen, dass ihm die Scheinwerfer ausfallen und sein Auspuff undicht wird!"

◆◆◆

Papa Hai und Sohn Hai sehen eine Gruppe von Schwimmern.

Sagt der Papa Hai: „Langsam umkreisen und nur die Spitze der Flosse zeigen…"

Gesagt getan, sie schwimmen 2-3 runden um die Schwimmer…

Sagt der Papa: „So nun nochmal 2-3 runden und wir zeigen ihnen mal die ganze Flosse…"

Wieder ziehen sie ihre Bahnen um die Schwimmer…

Nun sagt Papa Hai: „So jetzt fressen wir die alle auf…"

Nach dem Festmahl fragt der Sohn: „Du Papa wieso haben wir die nicht direkt gefressen?"

Sagt der Papa Hai ganz stolz: „Leer geschissen schmecken die besser!"

Was haben schwule und Papageien gemeinsam?

Eine verschissene Stange.

Beim Mittagessen plötzlich nichts mehr geschmeckt. Nix, Geschmack Null! Wie tot im Mund.

Ich dachte mir Mist, bestimmt COVID.

Dann Entwarnung, es war bloß Tofu.

Ein Millionär hat 3 Freundinnen und beschließt sie zu testen.

Er gibt allen 3 Frauen 10.000 € und sagt ihnen, dass sie damit machen können was sie wollen.

Die erste Freundin nimmt das Geld und kauft sich schöne Kleider.

Die zweite Freundin nimmt das Geld und kauft dem Millionär ein schönes Geschenk.

Die dritte Freundin nimmt das Geld, investiert es und verdreifacht es in ein paar Tagen.

Was denkst du?

Für welche der 3 Freundinnen hat er sich entschieden?

...Falsch! Für die mit den dicken Titten!

Meister zum Lehrling: Du solltest zum Geheimdienst gehen. Du hinterlässt nirgends Spuren deiner Arbeit.

Nach einer schnellen Verfolgungsjagd stoppt die Polizei Max.

„So viel Spaß hatte ich den ganzen Tag nicht", sagt der Polizist.

„Wenn Sie eine gute Entschuldigung haben, lassen wir das mit dem Strafzettel.“

„Vor drei Wochen hat mich meine Frau wegen eines Polizisten verlassen“, erklärt Max.

„Und als ich Ihr Auto kommen sah, fürchtete ich, Sie wollten sie zurückbringen.“

Ein Mann betritt eine Bar bestellt sich ein Bier und bemerkt, dass auf der Theke ein riesengroßes Glas voll mit 100 € Scheinen steht. Der Mann fragt die Kellnerin was es mit dem Glas auf sich hat.

Kellnerin: „Ganz einfach, du schmeißt 100 € ins Glas und musst 3 Aufgaben erledigen. Wenn du alle 3 schaffst bekommst du das ganze Glas!“

Mann: „Ok, was sind das für Aufgaben?“

Kellnerin: „Als erstes musst du eine Flasche Tequila auf Ex trinken, ohne mit der Wimper zu zucken! Als zweites gehst du nach draußen. Dort ist ein Hund mit einem lockeren Zahn. Den musst du ziehen. Und als drittes gehst du nach oben. Über uns wohnt eine Oma, die noch nie einen Orgasmus hatte. Ihr besorgst du es richtig und dann bekommst du das Glas.“

Mann: „Das schafft doch keiner!". Verdreht die Augen und trinkt weiter sein Bier.

Ein paar Biere später bekommt er Mut und läuft völlig überzeugt von sich selbst zur Theke, schmeißt 100 € ins Glas und ruft: „Wo ist der Tequila!"

Er pumpt die ganze Flasche auf Ex ab, ohne mit der Wimper zu zucken! Nur eine Träne läuft ihm die Wange herunter.

Er geht nach draußen und man hört nur noch heftiges Gerangel und Hundegebell. Er kommt blutig und mit zerfetzter Kleidung wieder rein und sagt: „Das mit dem Hund habe ich erledigt! Wo ist die Oma mit dem lockeren Zahn?"

In der Schule werden Musikinstrumente aufgezählt

…Paul sagt Flöte

…Emilia sagt Klavier

…Fritzchen sagt Sacksosieht.

Da sagt die Lehrerin: „Nein, das heißt Saxophon!"

Da sagt Fritzchen: „Nein, meine Mama hat zu meinem Papa gesagt: „Wenn man deinen Sack so sieht… das ist ein ganz schönes Instrument!"

Wie lange spielen zwei Schwule mit einem Dildo?

Bis er im Arsch ist.

Warum stellen manche Arbeitgeber nur verheiratete Männer ein?

Die reagieren nicht so sensibel, wenn man sie anschreit.

Was denkt sich eine Frau, wenn sie nach 20 Jahren Ehe in den Spiegel guckt? „Mmmh, das gönne ich ihm!"

Sonntag morgen kommt der Vater ins Zimmer seines Sohnes und sagt:

„Junge! Wenn du mitten in der Nacht sturzbesoffen heimkommst und in der Küche randalierst, weil du dir etwas zu essen machen willst, dann ist das noch in Ordnung..."

„Wenn du dann zu uns in Schlafzimmer kommst und deine Mutter als Schlampe beschimpfst, kann ich das auch noch verkraften..."

„ABER, wenn du im Wohnzimmer auf den Teppich einen riesen Haufen scheißt, Salzstängel reinsteckst und sagst der Igel wohnt jetzt hier, dann geht das einfach zu weit!!!"

Ein Pärchen geht zum Arzt und beklagt sich, dass die Frau nie zum Orgasmus kommt.

Der Arzt untersucht die beiden gründlich von Kopf bis Fuß und stellt einige Fragen. Am Ende der Untersuchung lautet seine Diagnose: „Zu wenig Sauerstoff! Beim nächsten Geschlechtsverkehr nehmen Sie einen Fächer und wedeln Ihrer Frau beim Sex Sauerstoff zu. Dann sollte es mit dem Orgasmus klappen."

Noch am gleichen Abend probieren die beiden das aus. Der Mann nimmt seine Frau in der Missionarsstellung und wedelt wie ein wilder. Nach ein paar Minuten stoppt er, weil ihm das Wedeln und gleichzeitig Sex haben viel zu umständlich ist. Er bittet seinen besten Freund rüber, klärt ihn über die Situation auf und dann machen sie sich zu dritt ans Werk.

Der Freund wedelt mit dem Fächer und der Mann beglückt seine Frau.

Nach einer halben Stunde ist die Frau immer noch nicht gekommen und der Mann sagt zu seinem Freund: „So, wir tauschen. Ich wedle und du bumst."

Die beiden tauschen und der Freund hat Sex mit seiner Frau.

Die Frau fängt direkt an zu stöhnen und bekommt einen Orgasmus nach dem anderen.

Der Mann sieht seinen Freund an und sagt: „Hast du gesehen? So musst du wedeln!"

Ein Mann zur Bedienung:

„Warum riecht mein Glas wie ein ungewaschener Genitalbereich?"

Die Bedienung:

„Vielleicht sollten Sie die andere Hand benutzen."

Warum spielen Araber kein Schach?

Weil die Dame sich frei bewegen kann.

Sagt ein Einbeiniger zu einem Blinden: "Ich trete dir gleich in den Arsch!"

Darauf der Blinde: "Das will ich sehen!"

Zwei Studenten fahren über den Campus. Sagt der eine: „Woher hast du das tolle Fahrrad?"

Antwortet er: "Als ich gestern spazieren ging, fuhr ein hübsches Mädchen mit diesem Fahrrad an mir vorbei. Als sie mich sah, warf sie das Rad zur Seite, riss sich die Kleider vom Leib und schrie: Nimm dir, was du willst!"

Mann in der Metzgerei: „Hallo, ich hätte gern 100g Blutwurst, aber bitte von der groben, dicken!"

Metzger: „Tut mir leid, die hat heute Berufsschule!"

Sex ist ein bisschen wie Squash...

Man schwitzt eine halbe Stunde und hofft, dass man nichts ins Auge bekommt.

Ich werde nie vergessen, was meine Großmutter gesagt hat, bevor sie gestorben ist.

Sie sagte: „Was machst du da!?"

Ein Mann sitzt in einer Kneipe und streichelt ein kleines weißes Pferd, das auf seinem Schoß sitzt. Fragt ihn der Wirt: „Woher hast du das Pferd?"

Sagt der Mann: „Draußen vor deiner Kneipe ist eine Fee, die erfüllt dir einen Wunsch."

Der Wirt geht raus, tatsächlich steht da eine Fee. Kommt der Wirt zurück in die Kneipe. Unterm Arm trägt er 2 Melonen und viele kleine Ferkel stehen um ihn herum.

Sagt der Wirt: „Du hättest mir ruhig sagen können, dass die Fee schwerhörig ist! Ich hab mir 2 Millionen in kleinen Scheinchen gewünscht!"

Sagt der Gast: „Ja glaubst du, ich hab mir einen 30 cm großen Schimmel gewünscht?"

Wie nennt man einen dicken Vegetarier?

Biotonne.

Wieso war noch kein Veganer auf dem Mond?

Weil sie es dort niemanden erzählen können.

Wie nennt man einen weißen Typ mit einem großen Schwanz?

Michael Jackson.

Ein Typ geht in der Disco zu einem Epileptiker und sagt: „Voll krass, dass du vorhin den Breakdance Contest gewonnen hast!"

Epileptiker: „Danke, wollte mir aber eigentlich nur ne Cola holen."

Zwei Polizisten laufen mit einem Polizeihund die Straße entlang. Kommt ein Kind, hebt den Schwanz des Polizeihundes hoch und schaut in den Po rein.

Fragt der Polizist: „Junge, was machst du da?"

Das Kind: „Da war ein Mann, der hat gesagt um die Ecke läuft ein Hund mit zwei Arschlöchern."

Ein älteres Ehepaar hat sich eine richtig schicke und super teure Lampe gekauft. Zurück vom Geschäft kommen sie zu Hause an und fangen an, zur Feier des Tages mit Sekt anzustoßen. Nachdem sie schon einiges getrunken haben und der Mann sich eine bequeme, kurze Schlabberhose angezogen hat, sagt die Frau zum Mann: „Komm, häng doch die Lampe schnell auf."

Der Mann holt die Leiter und fängt an, die neue Lampe zu montieren. Die Frau sieht ihm zu und bemerkt, dass ein Teil seines Hodensacks unten an der kurzen Schlabberhose rausschaut. Sie kann es nicht lassen... Die Frau schnippt ihm mit der Fingerspitze an die Eier. Der Mann erschrickt, fällt von der Leiter runter und die neue Lampe zertrümmert auf dem Boden. Die Frau erschrickt und denkt „Oh Mist, jetzt gibt's richtig Ärger."

Der Mann springt auf, läuft zur Frau. Sie denkt „Jetzt krieg ich eine geklatscht."

Und er sagt zu ihr total entsetzt: „Stell dir vor! Ich habe so einen Stromschlag bekommen. Ich hab's gemerkt bis in die Eier!"

Einem Auszubildenden im ersten Lehrjahr, einem Auszubildenden im zweiten Lehrjahr und dem Meister erscheint ein Geist: „Jeder von euch hat einen Wunsch frei!"

Der Azubi im ersten Lehrjahr drängelt sich vor und sagt: „Ich will auf einer schönen Insel Urlaub machen." Weg ist er.

„Jetzt ich!", ruft der Azubi aus dem zweiten Lehrjahr: „Ich möchte auch in den Urlaub, mit Strand, Longdrinks und schönen Frauen!". Weg ist er.

„Und du?", sagt der Geist zum Chef.

Der Chef: „Ich möchte, dass diese zwei Idioten nach dem Mittagessen zurück sind!"

Und die Moral von der Geschichte: Lass immer den Chef zuerst sprechen!

Ein Pärchen ist in der Stadt unterwegs. Die Frau beschließt spontan sich die Haare schneiden zu lassen. Der Mann hat keine Lust zu warten, also bummelt er alleine durch die Gassen. Er trifft auf eine Nutte und sagt zu ihr: „Ich habe nur noch 20 €. Was krieg ich für en Zwanziger?"

Die Nutte: „Für 20 € kriegst du nichts gescheites!"

Der Mann dreht sich um, denkt nicht weiter drüber nach und läuft wieder zum Frisör.

Seine Frau ist nun fertig und die beiden laufen aus dem Geschäft die Straße entlang.

Auf einmal sieht der Mann die Nutte, die er vorher angesprochen hat auf der gegenüberliegenden Straßenseite und sie ruft zu ihm rüber: „Siehste! Ich habe doch gesagt für 20 € kriegst du nichts gescheites."

Ein Mann lässt sich den Namen seiner Freundin „Wendy" auf den Penis tätowieren. Wenn der Penis nicht ganz steif ist kann man aber nur die Buchstaben „W" und „Y" erkennen.

Das Pärchen macht Urlaub in Jamaica. Beim Pinkeln auf der Toilette im Restaurant bemerkt der Mann das der Jamaikaner neben ihm auch ein Tattoo auf seinem Penis hat. Man erkennt die Buchstaben „W" und „Y". Der Mann spricht den Jamaikaner und sagt: „Sorry, aber mir ist aufgefallen das du auch ein Tattoo auf deinem Schwanz hast. Heißt deine Freundin auch Wendy?"

Der Jamaikaner antwortet:

„Nein, da steht: Welcome to Jamaica, have a nice day"

Ein Sohn platzt ins elterliche Schlafzimmer und ist erstaunt was er zu sehen bekommt.

Verständnislos sagt er: „Und mich schimpft ihr schon aus, wenn ich am Daumen lutsche!"

Diesen Witz möchte ich Dir nicht vorenthalten. Allerdings ist die entsprechende Gestik essenziell. Du kennst ja die Handbewegung die die geistlichen machen, wenn sie jemanden segnen. Hand mit Zeigefinger nach oben, dann nach unten, dann nach links und dann nach rechts (als würdest du ein Kreuz in die Luft malen)

Michael Jackson und Michael Jordan wollen sich segnen lassen und fliegen nach Rom in den Vatikan. Dort warten sie eine halbe Ewigkeit auf den Papst. Michael Jordan nimmt sich ein Bonbon aus der Hosentasche, steckt es sich in den Mund und schmeißt das Papier auf den Boden. Auf einmal kommt der Papst zu Michael Jordan, macht „diese Handbewegung inkl. Gemurmel" (oben, unten, rechts, links) und läuft wieder davon. Michael Jackson bekommt das mit, läuft zu Michael Jordan, regt sich tierisch auf und sagt: „Hey, wir sind hier beide gleichzeitig angekommen und warten schon so lange! Warum hat er dich gesegnet und mich nicht?!"

Michael Jordan: „Mann, er hat mich nicht gesegnet. Er sagte: (Handbewegung nach oben) Hey Langer, (Handbewegung nach unten) du nimmst jetzt das Papier auf dem Boden, (Handbewegung nach rechts) schnappst dir den Kinderficker, (Handbewegung nach links) und haust hier ab!"

Warum kauft sich eine Nonne 2 Gurken?

Eine zum Essen!

Zwei Männer gehen wandern und kommen an einer Wiese vorbei. Sagt der eine zum anderen: „Schau mal, hier habe ich das erste Mal Liebe gemacht."

Dann gehen sie ein paar Schritte weiter, und er sagt: „Und hier standen ihre Eltern." Fragt der andere: „Was haben die denn gesagt?" Antwortet der eine: „Mäh."

Ein Mann ruft die Polizei an: „Herr Wachmeister, Herr Wachmeister, kommen Sie schnell. Zwei Frauen schlagen sich um mich."

Sagt der Polizist: „Und wo liegt das Problem?"

Sagt der Anrufer: „Ja die dicke gewinnt!"

Der Mann zur Apothekerin: „Ich habe eine Dauererektion, was können Sie mir dafür geben?"

Die Apothekerin denkt kurz nach und sagt: „Freie Unterkunft und 3 Mahlzeiten am Tag!"

Weiße und Schwarze streiten sich im Bus wer hinten und wer vorne sitzen darf.

Irgendwann reicht es dem Busfahrer und er brüllt nach hinten: „So, ihr stellt euch jetzt alle mal vor ihr wärt grün! Die dunkelgrünen nach vorne und die hellgrünen nach hinten!"

„Neulich ist mir ein Kondom geplatzt."

„Im Ernst!"

„Nein, im Dieter."

Warum tragen Hexen keine Unterhosen?

Für besseren Halt auf dem Besen!

Der 16-jährige Sohn kommt unter der Woche mitten in der Nacht nachhause.

Vater: „Wo kommst du denn so spät her?"

Sohn: „Ich habe heute das erste Mal Sex gehabt!"

Vater: „Ich gratuliere mein Sohn! Setz dich zu mir und lass uns ein Bier darauf trinken."

Sohn: „Bier ist okay, aber hinsetzten kann ich mich für eine Weile nicht mehr."

Ein blindes Krokodil und eine blinde Maus treffen aufeinander. Sagt die Maus: „Bitte Taste mich mal ab. Ich möchte wissen was ich bin."

Krokodil: „Kurze Beine, kurzer Schwanz – ganz klar du bist eine Maus."

Daraufhin tastet die Maus das Krokodil ab.

Maus: „Hmm kurze Beine, langer Schwanz, große Klappe... Du bist Italiener"

Dieser Witz funktioniert am besten, wenn die Stimmung schon etwas angeheizt ist und man die bescheuerten Bewegungen beim Erzählen mit macht:

2 Männer treffen eine gute Fee und haben 3 Wünsche frei.

Der erste: „Also, ich wünsche mir richtig viel Geld, sodass ich nie wieder Geldsorgen haben werde."

Die Fee: „Ok, kriegst du."

Der zweite: „Ich will, dass mein rechter Arm immer so macht." (Dabei den rechten Arm kreisförmig drehen, so als wenn man graben würde).

Die Fee wundert sich ein wenig, gewährt aber auch den Wunsch.

Der erste ist wieder an der Reihe: „Ich wünsche mir Weisheit. Ein tiefgehendes Verständnis der Zusammenhänge."

Die Fee gewährt ihm den Wunsch.

Der zweite: „Ich will, dass mein linker Arm immer so macht." (Jetzt macht Du die gleiche Bewegung auch mit dem linken Arm, aber den rechten dabei nicht vergessen).

Die Fee wundert sich wieder, aber ok.

Der erste wieder: „Ich wünsche mir eine hübsche Traumfrau, die auch geistig perfekt zu mir passt."

Bekommt er.

Der zweite: „Ich will, dass mein Kopf immer so macht" (Jetzt den Kopf von unten nach oben ständig im Kreis drehen).

Die Fee verdreht die Augen und gewährt ihm seinen letzten Wunsch.

Ein Jahr später treffen die 2 Männer sich wieder.

Sagt der erste: „Es ist unglaublich wie mein Leben sich verändert hat. Ich bin finanziell frei, fühle mich mental wie nie zuvor und habe eine wunderbare Lebenspartnerin. Wie ist es dir mit deinen Wünschen ergangen?"

Sagt der zweite: (Jetzt alle diese Bewegungen gleichzeitig machen) „Alter, ich glaube ich hab mir nur scheiße gewünscht."

„Baden ist hier verboten"; sagt der Polizist zu einer jungen Frau.

„Warum haben Sie das nicht gesagt bevor ich mich ausgezogen habe?"

„Ausziehen ist nicht verboten!"

Die 7 Zwerge kommen zum Papst.

Der kleinste der Zwerge tritt vor den Papst und es wird ihm gestattet 3 Fragen zu stellen.

Der kleine verbeugt sich und fragt: „Entschuldigen Sie eure Exzellenz, gibt es im Vatikan oder in Italien eigentlich Zwergen-Nonnen?"

Der Papst beugt sich runter und sagt: „Nein mein Sohn, es gibt sicherlich keine Zwergen Nonnen in Italien und im Vatikan schon gar nicht."

Nach dieser Antwort beginnen die andern 6 Zwerge leise zu kichern.

Der kleine aufgeregt hinterher:

„Aber in Europa gibt's doch irgendwo bestimmt Zwergen-Nonnen!?"

Der Papst erwidert ruhig: „Mein Sohn, in Europa gibt es meines Wissens keine solche Geschöpfe."

Die andern 6 blasen die Backen auf und können kaum noch still halten...

Der kleine Zwerg hakt nochmal nach:

„Ja aber, irgendwo auf der Welt muss es doch Zwergen-Nonnen geben!?"

Der Papst schlägt die Augen weit auf, schaut den kleinen kritisch an und versichert dem Zwerg:

„Es gibt mit Sicherheit auf der ganzen Welt keine Zwergen-Nonnen!"

Die andern 6 Zwerge kringeln sich vor Lachen auf dem Boden und zeigen mit dem Finger auf ihren Kameraden:

„SIEHSTE, hast doch en Pinguin gefickt!"

Geht eine dicke Frau zum Bäcker und sagt: „Ich möchte gerne Rumkugeln"

Daraufhin der Bäcker: „Aber nicht im meinem Laden!"

Ein junger Mann geht in die Apotheke und bestellt ein Päckchen Kondome. Als der Apotheker das Päckchen bringt, hakt der Mann nach und sagt: „Wissen Sie was, ich nehme noch ein zweites Päckchen. Ich bin heute Abend bei meiner Freundin eingeladen und habe gehört das ihre Mutter ne ganz schöne Schlampe ist."

Abends am Essentisch fragt die Freundin ihren Freund: „Warum bist du denn heute so ruhig?"

Der Freund: „Du hättest mir ruhig sagen können das dein Vater Apotheker ist."

Was sagt ein blinder Mann, wenn er morgens am Fischladen vorbeiläuft?

Guten Morgen Mädels!

Ein Mann fragt seine Frau: „Schatz, was wünschst Du dir denn zu Weihnachten?

Die Frau: „Die Scheidung!"

Er: „Na, soviel wollte ich eigentlich nicht ausgeben!"

Bei dem folgenden Witz steht der Name „Max Mustermann" stellvertretend für die Person, die du auf den Arm nehmen möchtest:

3 Zwerge am Lagerfeuer. Schaut der eine nachdenklich seine Hände an und meint plötzlich:

„Ich habe so kleine Hände, dass sind bestimmt die kleinsten Hände der Welt!" Am nächsten Tag gehen die 3 ins Büro vom Guinness Buch der Rekorde. Der Zwerg mit den kleinen Händen geht rein und kommt nach 10 Minuten freudestrahlend wieder raus und sagt: „Yeah, ich habe den Rekord!"

Am Abend wieder am Lagerfeuer sitzend meint der zweite Zwerg: „Jungs, ich habe super kleine Füße. Das sind bestimmt die kleinsten der Welt." Am nächsten Tag gehen die 3 wieder ins Büro, der Zwerg mit den kleinen Füßen geht rein und kommt nach 10 Minuten wieder raus und sagt begeistert: „Leute, ich habe den Rekord!" Alle drei freuen sich.

Daraufhin meint der dritte Zwerg: „Jungs, mein Penis ist echt winzig. Ich habe bestimmt den kleinsten Penis der Welt."

Er geht ins Büro aber nach 10 Minuten ist er noch nicht draußen. Es vergehen weitere 30 Minuten und dann kommt der dritte Zwerg enttäuscht heraus und sagt:

„Wer zum Teufel ist „Max Mustermann"!

Fritzchen kommt ins Schlafzimmer und sieht, wie Mami stöhnend auf Papa reitet. „Was macht ihr denn da?"

Mama antwortet: „Ich massiere Papa gerade den Bauch weg!"

Meint Fritzchen: „Das bringt doch nichts! Jeden Donnerstag kommt die Nachbarin und bläst ihn wieder auf!"

Zwei Polizisten Unterhalten sich über Sex.

Der eine: „Ich habe letzten entdeckt wie man einen tierisch geilen Abgang bekommen kann.

Pass auf, ich lasse meine Frau auf allen vieren knien, nehme meine Pistole in die rechte Hand und wenn ich kurz vor dem Orgasmus stehe schieße ich viermal in die Luft. Dabei erschreckt sich meine Frau so sehr, dass sie die Arschbacken zusammenkneift und die Post abgeht!"

Der andere: „Wenn ich heute Abend nach Hause komme, muss ich das auch gleich ausprobieren."

Am nächsten Tag treffen sich die beiden und der eine fragt wie es gelaufen ist.

Der andere: „Frag mich bloß nicht!" – „Warum denn, hast du nicht gemacht was ich dir gesagt habe?"

Der andere: „Ich bin nach Hause gekommen habe meine fette Magnum aus dem Schrank geholt und bin mit meiner Frau in die 69er Stellung gegangen.

Als ich kurz davor stand, habe ich alle sechs Schüsse in die Luft geballert." – „Na und dann?"

Der andere: „Ja und dann hat sie mir in die Eier gebissen, mir ins Gesicht geschissen und aus dem Schrank kam irgend so ein Typ mit erhobenen Händen!"

Der 14-jährige Sohn fragt seine Mutter:

„Bin ich eigentlich ein Wunschkind?"

Die Mutter antwortet: „Eigentlich wollte ich mich nur nach der Seife bücken."

Was steht bei einer alten Jungfrau auf dem Grabstein?

Ungeöffnet zurück.

Eine alte Dame kommt zum Arzt und beklagt sich über ihre Blähungen.

Sie sagt zum Arzt: „Zum Glück gehen die Winde geruchlos ab und hören tut man auch nichts. Das wäre mir ja schrecklich peinlich!"

Der Arzt verschreibt ihr ein Medikament und die Dame verlässt erleichtert die Praxis.

Eine Woche später ist sie wieder beim Arzt, um sich zu beschweren:

„Was um Himmels Willen haben Sie mir da verschrieben, Herr Doktor? Es ist ja grauenhaft, wie meine Blähungen plötzlich stinken!"

Der Arzt: „Na dann haben wir Ihren Geruchssinn also wieder in Ordnung gebracht. Dann kümmern wir uns jetzt mal um Ihr Gehör..."

Ein Mann geht in die Sauna. Er ist ganz alleine beim Ausziehen in der Umkleide und bemerkt einen Zettel auf dem steht: Wir warnen vor Schwulen!

Verwundert dreht er sich um, sieht niemanden und geht weiter. Vor der Saunakabine findet er einen weiteren Zettel mit der Notiz: Wir warnen vor Schwulen!

Wieder schaut er sich um, kann niemanden sehen und geht in die Sauna rein.

In der Sauna sieht er erneut einen Zettel auf dem Boden liegen.

Er bückt sich nach dem Zettel runter und kann nur noch folgende Worte lesen: ...Wir haben dich 2 Mal gewarnt!

Der Kleine „Fick dich Schlampe, ich sage dir nicht meinen Namen" möchte aus dem Kinderparadies abgeholt werden.

Was ist der Unterschied zwischen Asiaten und Rassismus?

Rassismus hat viele Gesichter.

Ein Mann kommt mit einem Schaf unter dem Arm heim, steht vor seiner Frau und sagt:

„Das ist die blöde Kuh, mit der ich Sex habe, wenn du keine Lust hast."

Die Frau: „Idiot! Falls es dir nicht aufgefallen ist – das ist ein Schaf unter deinem Arm!"

Der Mann: „Falls es DIR nicht aufgefallen ist – ich rede nicht mit dir!"

Mann beim Tätowierer: „Ich möchte eine Ferrari auf den Schwanz tätowiert haben."

Tätowierer: „Alles klar, welche Farbe soll er denn haben?"

Mann: „Mir egal, ich fahre den eh gleich in den Arsch."

Der Meister klärt den neuen Lehrling auf: „Ich bin kein Freund vieler Worte. Wenn ich mit dem Kopf winke, kommst du her."

Der Lehrling hat keine Einwände: „Das trifft sich gut. Ich halte auch nichts von langem Gelaber. Wenn ich den Kopf schüttle, komme ich nicht."

Zwei Vaginas unterhalten sich. Sagt die eine: „Weißt du was man über uns sagt? Wir wären haarig, sehen komisch aus und würden stinken!". Sagt die andere: „Wer sagt denn sowas?"

Die andere Antwortet: „Böse Zungen"

Ein Polizist kommt nachhause. Seine Frau teilt ihm mit, dass sein Sohn die Sonderschule besuchen soll. Sagt der Polizist ganz stolz: „Na, wenn er das Zeug dazu hat!"

Die Schüler sollen als Hausaufgabe einen Vogel malen. Fritzchen hat es super hingekriegt aber bei seinem Vogel fehlen die Beine und der Schwanz.

Da Fragt die Lehrerin: „Fritzchen, sag mal wieso hat dein Vogel den weder Beine noch Schwanz?"

Fritzchen: „Als ich meine Mama fragte wo beim Vögeln die Beine hinkommen, hat Sie mir eine geknallt. Dann wollte ich nach dem Schwanz schon gar nicht erst fragen"

Bei diesem Ehepaar ist schon länger die Luft raus. Der Ehemann kommt nach Hause und sie sagt: „Der Wasserhahn tropft, mach das doch mal"

Darauf er „Bin ich Klempner?"

Gleiche Szene nächster Tag: „Schatz, im Bad ist die Birne kaputt, mach das doch mal"

Er: „Bin ich Elektriker?"

Tage später: „Schatz, der Rasen müsste gemäht werden!"

Er: „Bin ich Gärtner?"

Die Woche später kommt er nach Hause. Der Wasserhahn ist dicht, im Bad gibt's Licht und der Rasen ist gemäht. Auf seine Frage, wie es dazu kam, sagt sie: „Naja, der Nachbar war da, hat alles erledigt und als Lohn wollte er entweder einen Kuchen oder mit mir schlafen.

Er: „So, und was für einen Kuchen hast du gebacken?"

Sie: „Bin ich Bäcker?"

Zwei Forscher im Dschungel stürzen in eine Falle und kommen aus der Grube einfach nicht mehr heraus. Nach einiger Zeit kommen Eingeborene. Der Häuptling schaut hinunter und sagt: „Tod oder Bongo Bongo?"

Die zwei Forscher haben keine Ahnung was Bongo Bongo ist aber sterben wollen sie auch nicht also antworten sie mit: „Bongo Bongo!"

Die Eingeborenen helfen ihnen aus der Falle und ficken sie an Ort und Stelle in den Arsch. Die zwei Forscher werden anschließend frei gelassen. Sie können nicht fassen was ihnen gerade passiert ist und wollen nur noch nach Hause. Nach kurzer Zeit stürzen sie wieder in eine Falle und kommen nicht heraus. Wenig später tauchen die Eingeborenen auf und der Häuptling steht wieder am Rand, schaut hinunter und sagt: „Tod oder Bongo Bongo?"

Die beiden wissen inzwischen was das heißt aber entscheiden sich für das Leben und sagen: „Bongo Bongo!"

Ihnen wird heraus geholfen und die ganze Mannschaft Eingeborene ficken die beiden wieder in den Arsch. Die zwei sind fix und fertig und rennen anschließend durch den Dschungel, um direkt wieder in einer Falle zu landen. Sie werden natürlich wieder gefunden.

Der Häuptling schaut hinunter und sagt: „Tod oder Bongo Bongo!"

Die zwei sind sich einig, sie halten diesen Scheiß einfach nicht mehr aus und rufen laute nach oben: „Tod! Wir wählen den Tod!!!"

Der Häuptling sieht zu seinen Eingeborenen Freunden und dann runter zu den Forschern und ruft: „Tod durch Bongo Bongo!"

Er: „Du bist die netteste, wunderbarste und allerschönste Frau, die ich je getroffen habe!"

Sie: „Ach komm, du willst mich doch nur ins Bett kriegen."

Er: „Und intelligent bist du auch noch."

Der Vater sagt zum Sohn: „Sohn, ich muss dir was sagen. Du wurdest adoptiert."

Sagt der Sohn: „WAS! Ich will sofort meine echten Eltern kennenlernen."

Darauf der Vater: „Wir sind deine echten Eltern! Und jetzt mach dich fertig, du wirst in 20 Minuten abgeholt."

Bei diesem Witz kannst Du das Land deiner Wahl einsetzten.

Warum gibt es in „Land deiner Wahl" keine Samenbanken?

Weil die ganzen Wichser hier sind.

Und bei diesem Witz können die Landsmänner entsprechend ausgetauscht werden.

Sitz ein Pole und ein Türke im Auto. Wer fährt?

Die Polizei.

Der Chef der Drogerie weist den Azubi ein und sagt: „Also du musst dem Kunden immer noch etwas mehr verkaufen, als er eigentlich kaufen will. Ich zeig dir mal, wie ich das meine."

Kommt eine Frau in das Geschäft und sagt: „Hallo, ich hätte gerne eine Packung Gardinenweiß."

Der Chef: „Ja, hier bitte sehr, aber wollen Sie nicht auch noch eine Flasche Fensterklar dazukaufen."

Die Frau: „Warum denn das?"

Er: „Na ja, wenn Sie nun schon ihre Gardinen waschen, dann ist es doch praktisch, wenn man gleich noch die Fenster putzt. Dann sieht alles besser aus."

Sie: „Stimmt, ja nehm ich."

Als die Frau dann gegangen ist, sagt der Chef zu seinem Azubi: „Siehst du, so geht das".

Der Azubi: „Cool, das probier ich auch mal."

Kommt also wieder eine Frau rein und sagt: „Guten Tag, ich hätte gerne eine Packung Tampons."

Sagt der Azubi: „Hier bitte. Aber wollen Sie nicht noch ne Packung Fensterklar dazu haben?"

Sagt sie: „Was soll ich denn damit."

Darauf er: „Na wenn Sie ihrem Mann schon keinen Sex bieten können, dann können Sie wenigstens die Fenster putzen."

Ein Student wird vom Chefarzt durchs Krankenhaus geführt und bemerkt, dass in einem Zimmer eine Krankenschwester einen Patienten mit der Hand befriedigt.

Student: „Hr. Doktor, was geht denn hier vor?"

Doktor: „Das ist ganz einfach, die Hoden dieses Patienten produzieren zu viel Samen. Wenn die Krankenschwester den Patienten nicht unterstützt könnte das katastrophale Folgen haben."

Der Student nickt nachdenklich mit dem Kopf und die beiden gehen weiter den Flur entlang. Im nächsten Zimmer sieht der Student, dass eine Krankenschwester einen Patienten oral befriedigt.

Student: „Hr. Doktor, und was ist hier das Problem?"

Doktor: „Gleiches Problem, bessere Versicherung!"

Sitzen zwei in der Kneipe und trinken Wein. Gast: "Servieren Sie auch Flaschen?" Kellner: "Wir bedienen hier grundsätzlich jeden."

Warum essen Schwarze so gerne weiße Schokolade?

Damit sie sich versehentlich nicht in die Finger beißen.

Ein Bauer kauft sich im Internet einen ausgezeichneten Deckhahn für seine Hennen. Am nächsten Tag kommt ein Packet an. Der Bauer öffnet vorsichtig das Paket. Plötzlich springt der Hahn heraus, schaut sich um, rennt in den Hühnerstall und knallt erstmal alle Hennen. Daraufhin geht er weiter in den Schweinestall und treibt es mit den Schweinen. Der Bauer kann kaum fassen was er gerade zu sehen bekommt. Der Hahn rennt weiter in den Kuhstall und beglückt die Kühe. Anschließend rennt er in die Mitte des Hofes, kippt um und liegt auf dem Boden regungslos.

Der Bauer läuft verärgert zu ihm, kickt ihn mit dem Stiefel in den Bauch und sagt: „Verdammt, du hast ne Menge Geld gekostet. Du kannst jetzt nicht einfach abkratzen!"

Der Deckhahn öffnet leicht ein Auge, schaut den Bauer an und sagt: „Alter, wenn du mir die Nummer mit den Geiern versaust, bums ich deine Frau!"

Mann: „Schatz ich bin so heiß, lass es uns machen!"

Sie: „Geht nicht, habe auch morgen einen Termin beim Frauenarzt."

Der Mann paar Minuten später: „Hast du morgen auch einen Termin beim Zahnarzt?"

Die Stewardess mit tiefem Ausschnitt beugt sich zum Fluggast und fragt: „Möchten Sie Kaffee oder Tee?"

Fluggast: „Aus welcher kommt denn der Kaffee und aus welcher der Tee?"

Unterhalten sich zwei kleine Mädchen:

„Mein Vater ist ein richtiger Angsthase. Immer wenn Mama nicht da ist, schläft er bei der Nachbarin."

Eine Mutter sitzt mit Ihrer kleinen Tochter im Bus. Aus dem Fenster schauend, sieht die Kleine an einer Haltestelle einige Prostituierte, die auf Kunden warten.

Das Kind fragt die Mutter: „Mama, was sind das da für Frauen?"

Die Mutter antwortet: „Das sind verheiratete Frauen, die auf ihre Ehemänner warten!"

Da dreht sich der Busfahrer um und mischt sich ein: „Erzählen Sie dem Kind doch nicht so einen Blödsinn. Das sind Nutten, die für Geld mit jedem schlafen!"

Das Mädchen hakt nach: „Mama, aber wenn die mit jedem schlafen, dann kriegen die doch auch viele Babys. Was wird dann aus denen?"

Dazu die Mutter: „Die werden Busfahrer!"

Eine Mutter hört von der Küche aus ihrem 5-jährigen Sohn zu, der im Wohnzimmer mit seiner neuen Eisenbahn spielt. Sie hört den Zug anhalten und ihren Sohn sagen:

„Alle total verblödeten Typen, die hier aussteigen wollen, schwingt eure Ärsche aus dem Zug! Und alle Vollidioten, die hier einsteigen, beeilt euch gefälligst, ihr lahmen Penner!"

Die total geschockte Mutter rennt zu Ihrem Sohn und sagt:

„Du gehst jetzt sofort für 2 Stunden auf dein Zimmer. In diesem Haus wird nicht so gesprochen! Nach den 2 Stunden darfst du wieder mit dem Zug spielen, aber nur, wenn du dich einer höflicheren Sprache bedienst."

2 Stunden später, hört sie ihren Sohn wieder mit der Bahn spielen.

„Alle Fahrgäste, die hier aussteigen, bitte vergessen Sie nichts im Zug. Vielen Dank, dass Sie mit uns gereist sind. Unseren neuen Fahrgästen, die hier zusteigen, wünschen wir eine angenehme Reise."

Die Mutter freut sich schon wie eine Schneekönigin, als sie den kleinen dann noch hinzufügen hört:

„... und alle die wegen der 2-stündigen Verspätung angepisst sind, beschweren sich bei der Schlampe in der Küche!"

Die Frau kommt vom Frauenarzt.

Er: „Und was hat der Doktor gesagt?"

Sie: „Ich hätte einen Busen wie eine 20-jährige!"

Er: „Und was hat er zum Arsch gesagt?"

Sie: „Hmm... von dir haben wir nicht gesprochen!"

Eine Frau kommt vom Einkaufen, als ein Mann aus dem Gebüsch springt und seinen Mantel mit nichts drunter aufreißt.

Daraufhin klatscht sich die Frau an die Stirn und sagt:

„Mist, die Shrimps vergessen!"

„Papa stimmt es, dass in einigen Teilen Afrikas die Männer ihre Frauen vor der Ehe nicht kennen?"

Vater: „Das ist in jedem Land so, mein Sohn!"

Blondinen Witze

Falls du dich gerade neben einer Blondine befindest und diesen Teil vorlesen willst, mach keinen Stress! Sag ihr einfach, dass diese Witze nur für die „gefärbten" Blondinen bestimmt sind. Und wenn sie zufällig eine gefärbte Blondine ist? Kein Problem! Dann sind diese Witze natürlich nur für die „echten" Blondinen.

Auf geht´s!

Kommt eine Blondine ins Krankenhaus und liest auf einem Schild:

Blutspenden 50 € / Samenspenden 100 €.

Sie beschießt Blut zu spenden und bekommt 50 €.

Die Woche darauf kommt sie wieder ins Krankenhaus, spendet Blut und kassiert die 50 €.

Noch eine Woche später kommt sie wieder ins Krankenhaus. Ein Arzt bemerkt sie und sagt:

„Ah, Sie sind es wieder. Sie wollen bestimmt Blut spenden."

Die Blondine sieht den Arzt mit vollen Backen an und schüttelt den Kopf.

Wie bekommt man das Gehirn von einer Blondine auf Erbsengröße?

Aufpumpen.

Eine Blondine ist gegen das Auto eines Fremden gefahren. Dieser schreit erbost: „Haben Sie überhaupt eine Fahrprüfung gemacht?" Brüllt die Blondine zurück: „Ja! Und das bestimmt öfter als Sie!"

Was ist eine nackte Blondine die einen Handstand macht?

Brünett.

Was macht eine Blondine, wenn sie aufsteht?

Anziehen und heimgehen.

Ein LKW wird auf der Autobahn von einer Blondine in einem Mercedes fies geschnitten und kommt fast von der Straße ab. Wütend rast der LKW-Fahrer hinterher, schafft es sie zu überholen und sie auf einen Rastplatz zu drängen.

Er holt sie aus dem Wagen und schleppt sie ein paar Meter davon weg, zeichnet mit Kreide einen Kreis um sie und warnt: „Hier bleiben Sie stehen, wehe, Sie verlassen den Kreis!"

Dann widmet er sich ihrem Wagen: Mit seinem Schlüssel zerkratzt er den Lack von vorne bis hinten. Als er zur Blondine schaut, grinst Sie völlig ungeniert. Das macht ihn wütend, er holt aus seinem LKW einen Baseballschläger und zertrümmert die Scheiben des Mercedes.

Sie grinst noch viel breiter. „Ach, das finden Sie witzig?" schimpft er und beginnt, die Reifen mit einem Messer zu zerstechen.

Die Blondine bekommt vor lauter Kichern schon einen roten Kopf. Nachdem er auch die Ledersitze aufgeschlitzt hat und das Mädel sich vor Lachen kaum noch auf den Beinen halten kann, geht er zu ihr hin und schreit:

„WAS IST? WARUM LACHEN SIE?"

Kichernd sagt sie: „Immer wenn Sie nicht hingeguckt haben, bin ich schnell aus dem Kreis gehüpft."

Was passiert, wenn man eine Blondine mit einem Husky kreuzt?

Entweder wird's ein sau dummer Hund oder ne Winterfeste Hure.

Warum nimmt eine Blondine ein Stein und ein Streichholz mit ins Bett?

Mit dem Stein schmeißt sie das Licht aus und mit dem Streichholz schaut sie ob sie getroffen hat.

Warum haben Blondinen keine Toilettentür?

Damit keiner durchs Schlüsselloch gucken kann.

Warum hat eine Blondine blaue Flecken um den Bauchnabel herum?

Es gibt auch blonde Männer.

Warum sind Asiaten so schlau?

Weil es dort keine Blondinen gibt.

Was ist eine schwarzgefärbte Blondine?

Künstliche Intelligenz.

Unterhalten sich zwei Blondinen, sagt die eine:

„Von den neuen Schuhen bekomme ich ständig blasen."

Sagt die andere: „Komisch, bei mir ist es immer andersrum."

Was ist für eine Blondine lang und hart?

Die vierte Klasse!

Ein junger, begabter Bauchredner tritt bei einem Abendprogramm auf. Mit seiner Rednerpuppe am Knie bringt er sein gewohntes Repertoire an Blondinen Witzen. Einer jungen, hübschen Blondine, in der zweiten Reihe sitzend, wird das nach einer kurzen Weile zu bunt.

Sie steht auf und protestiert lautstark: „Ich hörte nun genug von Ihren blödsinnigen Blondinen Witzen. Wie können Sie es wagen, alle Blondinen in diese stereotype Schablone hineinzwängen zu wollen?! Was hat die Farbe des Haares mit dem Wert einer Person als menschliches Wesen zu tun? Es sind Kerle wie Sie, die es verhindern, dass Frauen wie ich im Arbeitsumfeld und Gemeinwesen respektiert werden und somit nicht das volle Potenzial der möglichen persönlichen Entwicklung erlangen. Sie und Ihresgleichen verewigen die Diskriminierung nicht nur der Blonden, sondern aller Frauen generell… und das noch dazu im Namen des Humors!"

Dem Bauchredner ist die Szene ungemein peinlich; er beginnt sich zu entschuldigen, aber die Blondine schreit ihn an: „Sie halten sich da raus, mein Herr! Ich spreche zu dem Blödmann, der auf Ihrem Knie sitzt!".

Männerwitze

Was haben Wolken und Männer gemeinsam?

Wenn sie sich verziehen, kann es noch ein schöner Tag werden.

Was ist der Unterschied zwischen einem intelligenten Mann und einem Yeti?

Den Yeti hat man schon mal gesehen.

Warum können 50% aller verheirateten Männer nach dem Geschlechtsverkehr nicht einschlafen?

Weil sie noch nach Hause fahren müssen.

Wie nennt man einen Mann, der 90 % seiner Intelligenz verloren hat?

Witwer!

Was haben Männer und Schneestürme gemeinsam?

Man weiß vorher nicht, wie lange es dauern wird, wie viel Zentimeter es sein wird und wann er genau kommt.

Was hat ein männliches Gehirn und Gefängnisse gemeinsam?

Zu wenig Zellen!

Warum haben so viele Männer einen Bierbauch?

Damit dieser kleine arbeitslose Zwerg ein Dach über dem Kopf hat.

Warum gibt es Männer?

Weil ein Vibrator keinen Rasen mähen kann.

Wie sortieren Männer ihre Wäsche?

In zwei stapeln: Dreckig und dreckige aber kann man noch anziehen.

Warum wachsen Männer Bärte?

Damit man das Gesicht vom Arsch unterscheiden kann.

Frauenwitze

Warum bekommen Männer keine Cellulite?

Weil´s scheiße aussieht!

Warum reiben sich Frauen morgens die Augen, wenn sie aufstehen?

Weil sie keine Eier haben!

Was haben Frauen und Handgranaten gemeinsam?

Ziehst du den Ring ab, ist dein Haus weg.

Es mag sein das es Frauen gibt die intelligenter sind als Männer.

Davon wir die Küche aber auch nicht sauber!

Letztens komm ich nach Hause und will mich auf die faule Haut legen.

...Ist die einkaufen

Was zeigt man einer Frau, wenn sie ? Jahre unfallfrei gefahren ist?

Den dritten Gang.

Was haben Ehefrauen und Swimmingpools gemeinsam?

Sie sind beide:

- teuer in der Anschaffung

- teuer im Unterhalt

- und man ist eh kaum drin!

Warum schminken und parfümieren sich Frauen?

Weil sie hässlich sind und stinken!

Sex mit Frauen ist wie die Deutsche Bahn:

- kommt zu spät

- kommt gar nicht

- und wenn sie kommt, ist sie meistens voll

„Papa, wo ist das Ding zum Kartoffeln schälen?"

„Die ist einkaufen!"

Depressionen sind nur Erfindungen von Hausfrauen, damit sie sich auch tagsüber hinlegen können.

Warum sollten dicke Frauen über 30 kein „Verstecken"
mehr spielen?

Weil sie keiner sieht.

Wie nennt man das unnötige Fettgewebe um die Vagina?

... Frau!

Was passiert, wenn man eine Frau mit einem Oktopus
kreuzt?

Keine Ahnung, aber es kann garantiert super gut putzen.

Was ist der Unterschied zwischen Nilpferden und Frauen?

Die einen haben einen großen Arsch und einen großen Mund und die anderen leben im Wasser.

Warum können Frauen nicht intelligent und schön sein?

Dann wären sie ja Männer.

Frauen arbeiten heutzutage als Jockeys, stehen Firmen vor und forschen in der Atomphysik. Warum sollten sie irgendwann nicht auch rückwärts einparken können?

Wie nennt man eine Frau, die jeden Abend ganz genau weiß, wo ihr Mann ist?

Witwe.

Was haben Frauen und Orkane gemeinsam?

Es fängt mit einem Blasen an, und dann ist das Haus weg.

Weißt du, was gemein ist? Wenn eine Frau einem Mann eine Ohrfeige gibt.

Weißt du, was richtig gemein ist? Ihr zu sagen, dass ihr Arm dabei geschwabbelt hat.

Kinderwitze

Los geht's mit Witzen, die du sogar deinem jüngsten Cousin erzählen kannst! Wir starten mit dem ersten Witz, den ich je gehört habe, und der stammt von meiner Mutter.

Mama, danke für die fröhlichen Momente und das Lachen!

„Hey Fritzchen, komm wir gehen ins Schwimmbad."

Fritzchen: „Ne, ich kann nicht. Hab Hausverbot."

„Was hast du denn gemacht?"

Fritzchen: „Habe ins Wasser gepinkelt."

„Aber, dass macht doch jeder mal."

Fritzchen: „Ja, aber nicht vom 5 Meter Brett!"

Was ist im Wald und sagt: „Aha, Aha"

Ein Uhu mit Sprachfehler

Fritzchen: „Frau Lehrerin, bekommt man Ärger, wenn man gar nichts gemacht hat?"

Lehrerin: „Nein Fritzchen, natürlich nicht!"

Fritzchen: „Das ist gut, ich habe nämlich die Hausaufgaben nicht gemacht!"

Mann: „Herr Doktor, ich habe jeden Morgen um 7 Uhr Stuhlgang!"

Doktor: „Ja, das ist doch sehr gut!"

Mann: „Aber ich stehe erst um halb acht auf!"

„Fritzchen warum rollst du deine Augen immer nach oben?"

„Ich bewundere mein Gehirn."

•Nenne mir vier Körperteile: Hals, Maul, Arsch, Gesicht.

Auf dem Markt am Obststand fragt ein Mann nach dem Preis für eine halbe Orange.

Der Verkäufer geht zu seinem Chef und sagt: „Da ist ein Idiot, der eine halbe Orange kaufen will."

In diesem Moment bemerkt er, dass der Mann ihm gefolgt ist und alles gehört hat. Schnell fährt er fort und sagt: „Und dieser Gentleman hinter mir möchte die andere Hälfte kaufen!"

Ein Junge fährt Runden mit dem Fahrrad um den Opa der auf einer Parkbank sitzt.

Erste Runde: „Schau mal Opa... ohne Hände!"

Zweite Runde: „Schau mal Opa... ohne Füße!"

Dritte Runde: „Schau mal Opa... ohne Zähne!"

Wer lebt im Dschungel und schummelt gern?

Mogli.

3 Vampire sitzen auf einer Mauer.

Sagt der erste: „Ich habe richtigen Hunger. Ich fliege los und gönn mir was."

Ein paar Minuten später kommt er mit Blut verschmiertem Mund zurück und erzählt:

„Dort drüben im Park war ein Pärchen. Eine perfekte Mahlzeit."

Der zweite Vampir bekommt auch Hunger und fliegt los. Ein paar Minuten später kommt er zurück. Er ist übers ganze Gesicht mit Blut verschmiert und erzählt: „Dort hinten im Dorf gab es eine Feier. Es war ein Festmahl."

Jetzt kriegt der dritte Vampir auch Hunger und fliegt los. Nach einer Minute kommt er völlig Blut verschmiert über den ganzen Körper zurück und setzt sich wieder auf die Mauer.

Die zwei anderen Vampire schauen ihn ganz verdutzt an und fragen: „Wo kommst du denn her?"

Der Vampir antwortet: „Seht ihr die Mauer dort vorne?
...Ja, ich habe sie nämlich nicht gesehen."

Wie nennt man einen Boomerang der nicht zurückkommt?

Stock.

Was heißt Ladenschluss auf Chinesisch?

Watschonzu

Was heißt Dieb auf Chinesisch?

Langfing

Was heißt Polizist auf Chinesisch?

Langfingfang

Wie nennt man ein Fernglas auf Polnisch?

Gucklinski

Was waren die letzten Worte des Sportlehrers?

„Alle Speere zu mir!"

Sagt ein Mädchen zu einem Jungen: „Wusstest du das Mädchen schlauer sind als Jungs?

Antwortet der Junge: „Nein, das wusste ich nicht"

Antwortet das Mädchen: „Siehst du!"

Der 4-jährige Max darf mit dem Papa eine längere Autofahrt mitmachen.

Abends zuhause fragt die Mutter: „Na Max, wie war denn die Autofahrt mit Papa?"

Max antwortet: „Super, wir haben zwei Hornochsen, einen Knallkopp, fünf Armleuchter und einen Vollidioten überholt."

Wo wohnt eine Katze am liebsten?

In einem Miezhaus.

„Hey Tim, wie geht dein neues Fahrrad?"

„Mein neues Fahrrad geht nicht es fährt!"

„Und wie fährt es?"

„Es geht"

Die Note 4 heißt bestanden, bestanden ist gut, gut ist 2 und 2 ist fast ne 1

Papa Hai und Sohn Hai sehen eine Gruppe von Schwimmern.

Sagt der Papa Hai: „Langsam umkreisen und nur die Spitze der Flosse zeigen…"

Gesagt getan, sie schwimmen 2-3 runden um die Schwimmer…

Sagt der Papa: „So nun nochmal 2 3 runden und wir zeigen ihnen mal die ganze Flosse…"

Wieder ziehen sie ihre Bahnen um die Schwimmer…

Nun sagt Papa Hai: „So jetzt fressen wir die alle auf…"

Nach dem Festmahl fragt der Sohn: „Du Papa wieso haben wir die nicht direkt gefressen?"

Sagt der Papa Hai ganz stolz: „Leer geschissen schmecken die besser!"

Flachwitze

Jeder, der schon einmal in den Genuss eines fröhlichen Witzeschlagabtauschs gekommen ist, weiß, dass eine aufgeheizte Stimmung selbst einem simplen Flachwitz ein spektakuläres Gelächter entlocken kann. Übrigens gibt es auch sehr unterhaltsame Flachwitz-Spiele.

Was ist rot und schlecht für die Zähne?

Ein Ziegelstein.

Was sagt der Sturm zur Palme?

„Halt deine Nüsse fest, jetzt wird geblasen!"

Was ist niedlich, hüpft über die Wiese und qualmt?

Ein Kaminchen.

Was ist die härteste Droge auf der Welt?

Das Bahngleis! Ein Zug und du bist tot.

Was ist gelb und kann nicht schwimmen?

Ein Bagger.

Welches Getränk trinken Firmenchefs?

Leitungswasser.

Treffen sich zwei Jäger. Beide tot.

Warum schreien Vegetarierinnen beim Orgasmus nicht?

Weil sie nicht zugeben wollen, dass ein Stück Fleisch ihnen so viel Freude bereitet.

Wie heißt ein helles Mamut?

Hellmut.

Eine Asiatische Frau kann niemals wütend werden.

Höchstens süßsauer.

Zwei schwule in der Badewanne. Wer hat gepupst?

Der hinten sitzt.

Drei schwule in der Badewanne. Wer hat Geburtstag?

Der in der Mitte.

Wie heißt ein Spanier ohne Auto?

Carlos.

Sagt eine Kuh zum Polizisten: „Mein Mann ist auch Bulle."

Wie bekommt man ein Eichhörnchen von einem Baum herunter?

Man zieht die Hose aus und zeigt seine Nüsse!

Egal wie leer deine Flasche ist, es gibt Flaschen die sind Lehrer.

Was liegt am Strand und man versteht es nicht?

Eine Nuschel.

Treffen sich 3 Fische.

Sagt der erste „blub"

Sagt der zweite „blub blub"

Sagt der dritte „blub blub blub"

Geht der erste zum dritten und schießt im in den Kopf.

Fragt der zweite: „Warum hast du das getan?"

Sagt der erste: „Er wusste zu viel!"

Bück dich Fee, Wunsch ist Wunsch!

Was sitzt auf dem Baum und winkt?

Ein HuHu.

Wie nennt man ein Kondom auf Schwedisch?

Pippi Langstumpf.

Was ist grün und auf Knopfdruck rot?

Ein Frosch im Mixer

Was ist der Unterschied zwischen Asiaten und Rassismus?

Rassismus hat viele Gesichter.

Was ist weiß und kann fliegen?

Die Biene Mayo.

Nimmt eine Maus einen Elefanten von hinten.

Plötzlich fällt dem Elefanten eine Kokosnuss auf den Kopf und er schreit: „Au"

Daraufhin sagt die Maus: „Ein bisschen weh tun muss es auch."

Wie heißt das Reh mit Vornamen?

Kartoffelpü.

In der Zeitung unter den Kontaktanzeigen:

„Suche Mann mit Pferdeschwanz. Frisur egal."

Was macht ein Clown im Büro?

Faxen.

Zwei Hochhäuser sitzen im Keller und schälen Kartoffeln. Was ist falsch?

Bananen haben keine Gräten.

Warum gibt es auf Sizilien keine Zeugen Jehovas?

Sizilianer mögen keine Zeugen.

Was ist das Gegenteil von Reformhaus?

Rehintermhaus.

Was ist klein grün und dreieckig?

Ein grünes kleines Dreieck.

Wo wohnt eine Katze am liebsten?

In einem Miezhaus.

Sagt der Pessimist zum Optimisten: „Schlimmer geht's nicht!"

Sagt der Optimist: „Doch!"

Wie nennt man einen Boomerang der nicht zurückkommt?

Stock.

Was macht Angela Merkel mit ihren alten Klamotten?

Anziehen.

In St. Pauli wurde gestern ein Sarg gefunden. Aber den hat man nicht öffnen können. Man hat alles probiert, aber sie konnten ihn nicht öffnen... War ein Zuhälter drin.

Was macht man mit einem Hund ohne Beine?

Durch die Häuser ziehen.

Was hat eine CD und ein Porno gemeinsam?

Es dreht sich alles ums Loch.

Was sagt ein Hollywood Schauspieler, wenn er am nächsten Tag nicht arbeiten muss?

Hey, Morgen Freeman.

In der Regel hat ein Wikinger rote Bärte.

Was heißt Fotograf auf Arabisch?

Allemallachen.

Was heißt DJ auf Arabisch?

Machema Lala.

Warum sieht man keine Ameisen in Kirchen?

Weil sie in Sekten sind.

Sitz ein Pole und ein Russe im Auto. Wer fährt?

Die Polizei.

Was heißt Dieb auf Chinesisch?

Langfing

Was heißt Polizist auf Chinesisch?

Langfingfang

Wer lebt im Dschungel und schummelt gern?

Mogli.

Was sagt ein Krokodil, nach dem es einen Clown gegessen hat?

Schmeckt irgendwie komisch.

Was geht einer Fliege durch den Kopf, wenn sie gegen die Windschutzscheibe knallt?

Der Arsch.

Deine Mutter Witze

Mit diesen Sprüchen bist du für den nächsten „Deine Mutter Witze" Schlagabtausch bestens gewappnet!

Deine Mutter ist so fett, wenn sie am Strand liegt kommt Greenpeace und zieht sie wieder ins Wasser!

Wenn deine Mutter im Aldi furzt, ist am nächsten Tag dort alles zu 80% reduziert.

Deine Mutter ist so hässlich, als sie in eine Geisterbahn gegangen ist, hat sie dort sofort einen Job bekommen.

Deine Mutter hat mehr Dreier gemacht als BMW.

Deine Mutter ist so fett, das Foto von der ersten Schulklasse druckt immer noch.

Deine Mutter ist so fett, ihre Blutgruppe ist Nutella!

Deine Mutter ist so hässlich, dein Vater nimmt sie mit auf die Arbeit, damit er ihr kein Abschiedskuss geben muss.

Deine Mutter spuckt Kinder an und schreit: „Aqua Knarre"

Deine Mutter zündet sich'n Furz an und schreit: „Flammenwerfer"

Deine Mutter arbeitet auf einem Fischkutter als Gestank!

Deine Mutter arbeitet im Gefängnis als Bestrafung.

Deine Mutter ist so fett. Als sie am Fernseher vorbeilief, habe ich drei Folgen verpasst.

Deine Mutter ist so fett. Als sie am Strand war, kam ein Wal angeschwommen und sang: „We are family, I got all my sisters with me!"

Deine Mutter steht vorm KiK und schreit: „Ich bin billiger!"

◆◆◆

Deine Mutter trägt Hula-Hup-Reifen als Halsband.

◆◆◆

Deine Mutter schuppst kleine Kinder vom Fahrrad und riecht am Sattel.

◆◆◆

Deine Mutter ist so hässlich, sie wurde beim Hässlichkeitswettbewerb disqualifiziert, da Profis nicht erlaubt waren.

Deine Mutter legt sich zum Schlafen aufs Bett. Das Bett sagt mit letzter Kraft zu den andern Möbeln:

"Rächt mich."

Deine Mutter ist so hässlich, wenn sie sich im Spiegel ansieht, sagt der Spiegel: "Boah, ich kündige!"

Deine Mutter stinkt sogar auf Fotos!

Deine Mutter hat Hausverbot im Zoo, weil es die Tiere verstört, wenn sie kommt.

Deine Mutter steigt von beiden Seiten aus dem Bett.

Wenn der Geier ausstirbt, ist deine Mutter wieder der hässlichste Vogel.

Deine Mutter wird von Elfenbeinjägern verfolgt!

Deine Mutter hat so lange Arschhaare, dass sie beim Spülen mit runtergezogen wird.

Deine Mutter schreit von der Toilette: „Schaut mal Kinder, ich bin ein 3D Drucker."

Deine Mutter ist so hässlich, sie arbeitet beim FBI als Blendgranate.

Wenn deine Mutter im Schulhof auf dich wartet, verdunkelt sich das Klassenzimmer.

Deine Mutter ist so fett, wenn sie vor deinem Haus steht, habt ihr 3 Tage kein W-LAN.

Deine Mutter ist so fett, man muss sie in Mehl wälzen, um die feuchte Stelle zu finden.

Deine Mutter ist so fett, bei McDonalds wird sie gefragt was sie nicht bestellen will.

Deine Mutter ist so fett, ich hatte Sex mit ihr, habe mich zwei Mal umgedreht und lag immer noch auf ihr.

Weißt du wie man mit deiner Mutter am besten Sex hat?

Man schlägt ihr auf den Oberschenkel und rollt mit der ersten Welle rein!

Das Lieblingsgetränk deiner Mutter ist altes Wurstwasser.

Deine Mutter und dein Vater sind sich nur einmal begegnet!

Dabei ist Geld geflossen.

Wahrscheinlich nicht mal ein Zwanziger.

Und es heißt, sie lief damals noch in Männerkleider herum.

Deine Mutter schwitzt beim Kacken.

Deine Mutter furzt ins Badewannenwasser und singt "O2 can do"

Deine Mutter ist so fett, sie guckt die Speisekarte an und sagt zum Kellner: "Ok"

MC Donalds hat angerufen...

Deine Mutter ist in der Rutsche stecken geblieben.

Chuck Norris Witze

Chuck Norris Witze sind ein Phänomen für sich. Sie sind zeitlos, unglaublich lustig und haben einen ganz besonderen Platz im Herzen der Witze-Liebhaber.

Wenn Chuck Norris Sex mit einem Mann hat liegt das nicht daran, dass er schwul ist, sondern, dass er mit jeder Frau auf der Welt schon Sex hatte! Zwei Mal!

Chuck Norris isst keinen Honig, er kaut Bienen.

Chuck Norris geht jeden Monat Blut spenden, nur nicht sein eigenes.

Chuck Norris hat an einem Onanier-Wettbewerb teilgenommen. Er hat Platz 1 bis 10 belegt.

Chuck Norris atmet nicht, er gewährt der Luft nur Unterschlupf.

◆◆◆

Chuck Norris wurde angeschossen. Morgen wird die Kugel beerdigt.

Chuck Norris hat das Internet erfunden. Er brauchte Platz für seine Pornosammlung.

Chuck Norris wurde letztens von der Polizei angehalten. Die Polizisten sind mit einer Verwarnung davongekommen.

Seit Chuck Norris schwimmen kann ist Arielle nur noch eine Meerfrau.

Chuck Norris braucht ein Stunt-Double. Aber nur in Szenen, in denen er weinen soll.

Chuck Norris braucht beim Kacken nicht zu drücken

Die plausibelste Erklärung für die Existenz von Chuck Norris ist, dass er in der Zeit zurückgereist ist und sich selbst gezeugt hat!

Chuck Norris hat schon zwei Mal bis unendlich gezählt.

Chuck Norris kann mit Durchfall furzen!

Wenn Chuck Norris in den Himmel blickt, schwitzen Wolken vor Angst. Wir kennen das als Regen!

◆◆◆

Chuck Norris nießt mit offenen Augen!

◆◆◆

Chuck Norris kann Mütter entjungfern.

◆◆◆

Immer wenn Chuck Norris lächelt, stirbt ein Mensch. Außer wenn er während eines Roundhouse-Kicks lächelt, dann sterben 2.

Bill Gates lebt in ständiger Angst, dass der PC von Chuck Norris abstürzt.

Chuck Norris kann eine Frau zum Orgasmus bringen, wenn er mit dem Finger auf sie zeigt und „BOOYA" sagt!

Chuck Norris benutzt Tabasco als Augentropfen!

Bei einer Umfrage wurde festgestellt, dass 94% der amerikanischen Frauen von Chuck Norris entjungfert wurden. Die anderen 6% waren entweder extrem hässlich oder extrem fett.

Immer wenn jemand das Wort „heftig" verwendet fragt Chuck Norris: „Weißt du, was noch heftiger ist?" und verpasst ihm einen Roundhouse-Kick in die Fresse.

Was geht den Opfern von Chuck Norris als Letztes durch den Kopf?

Sein Fuß!

Scherzfragen

Was passiert, wenn man sich 2-mal halbtot lacht?

Wenn die Stiftung Warentest Vibratoren testet, ist dann „befriedigend" besser als „gut"?

Was ist 12 cm lang und macht Frauen dick?

Duplo.

Was ist der Unterschied zwischen dir und mir?

Der erste Buchstabe!

Sollten gleichgroße Paare heiraten dürfen?

Wieviel Hubschrauber hat die Schweiz und für welches Land fliegen die zwei?

Warum gibt es kein anderes Wort für Synonym?

Wie ist der Vorname von Michael Jackson?

Was ist der Unterschied zwischen einem Ford Mustang und einer Erektion?

...Ich habe keinen Ford Mustang!

Welcher Teil meines Körpers ist das Sahnestück?

Wieso hat Harry Potter Golom verschont?

Wenn der Mensch Gottes Werk ist, ist ein Zuhälter dann ein Kunsthändler?

Wie nennt man dieses seltsame Gefühl, das man hat, wenn man nicht im Schnaps ertrinken will?

Hoffnung.

Wer hat dir geholfen, als du vergessen hast, wie man furzt?

Was hat 152 Zähne und bewacht ein Monster?

Mein Hosenlatz!

Wenn ein Flugzeug genau auf der Grenze zwischen Frankreich und Deutschland abstürzt, wo begräbt man die Hinterbliebenen?

Hinterbliebene begräbt man nicht!

Schaust du Pornos?

Wie riecht ein Popel eigentlich?

...heißt das jetzt, dass wir nicht mehr mit einander schlafen?

Was ist intensiver als ein Orgasmus?

Barfuß auf einen Legostein treten.

Kann ich auch mit rumänischen Pfandflaschen bezahlen?

Kennst du die Serie in der es um eine heiße Krankenschwester geht, die durch die Zeit reist, um mal ordentlich geleckt zu werden?

Sprüche aller Art

Ich kann auch ohne Alkohol Spaß haben, aber sicher ist sicher!

9 von 10 finden Mobbing okay!

Aus einem traurigen Arsch kommt kein fröhlicher furz.

Sag deinen Brüsten sie sollen aufhören meine Augen anzustarren!

...wer das glaubt, glaubt wahrscheinlich auch, dass Babys nur kacken, wenn sie eine Pampers anhaben!

Willst du fett und hässlich sein, zieh dir ständig Kekse rein.

Andere Länder, andere Titten!

Eine Asiatische Frau kann niemals wütend werden.

Höchstens süßsauer.

Mein Humor ist so schwarz, in Amerika wird er von der Polizei erschossen.

Fühlt euch nicht schlecht wegen „Name". Er ist furchtbar! Jedes Mal, wenn er versucht, eine Geschichte zu erzählen, verliert ein Kind irgendwo auf der Welt seinen Ballon!

Was ist 20 Zentimeter lang, 6 Zentimeter breit und macht Frauen wild?

Ein Schokoriegel.

So bringst du nahezu jede Person aus dem Konzept:

Nachdem sie dir etwas gesagt hat, schaust du sie mit einem ernsten und trockenen Blick an und fragst: "Hast du mich gerade geduzt?

Ich bin mal barfuß auf einen Legostein getreten und habe nur 10 Minuten geweint!

Die „(Platzhalter)" halten länger als manche Beziehungen.

Hungrig einkaufen ist wie besoffen flirten.

Man nimmt da Sachen mit heim und kann am nächsten Tag nur noch den Kopf schütteln.

Alkoholfreies Bier zu trinken ist wie seine Schwester zu lecken. Es schmeckt genauso, ist aber falsch!

Weißt du, wie ich meine Eier am liebsten mag?

Gegrault.

Pampers und Politiker sollten öfter gewechselt werden.
Beide aus demselben Grund.

Ich würde gerne gehen, muss aber leider weg.

Könntest du bitte lauter sprechen? Man versteht dich so schlecht mit dem Schwanz des Selbstmitleids im Mund."

Ich habe schon Pferde kotzen gesehen!

... vor der Apotheke

... mit Rezept im Maul

Nimm ihn in den Mund und sage: „Honolulu"

Tanzen ist für die, die kein Geld zum Saufen haben!

Bier formte diesen wunderschönen Körper!

Wer trinkt wird besoffen,

wer besoffen ist wird müde,

wer müde ist schläft,

wer schläft sündigt nicht,

wer nicht sündigt kommt in den Himmel,

Also: LASST UNS SAUFEN!

Egal wie schwer dein Problem ist, sich am Ellenbogen zu lecken, ist noch schwerer.

Frauen schwitzen nicht, sie fangen an zu glitzern.

Wenn das Leben einen fickt... Immer schön im Rhythmus bleiben!

Wenn man bis zum Hals in der Scheiße steckt, sollte man den Kopf nicht hängen lassen.

◆◆◆

Hosen runter und Hände zu den Zehen!

◆◆◆

Roller fahren ist wie Sex mit dicken Frauen.

Es macht Spaß, aber man möchte nicht unbedingt dabei gesehen werden.

◆◆◆

Wenn jemand dich nach deinem Beruf fragt, kannst du statt der üblichen Standardantwort auch mal etwas Überraschendes sagen wie:

"Kennst du den Europapark?

Ich bin Schiffschaukelbremser."

Oder...

"Ich betreibe mehrere Stripclubs in St. Tropez."

Wenn du DAS machst, springe ich dir mit dem nackten Arsch ins Gesicht.

...natürlich nicht! Das ist kein Taylor Swift Video.

Meinungen sind wie Arschlöcher. Jeder hat eins.

Weißt Du was Frauen sagen, wenn sie einen großen Schwanz sehen?

Nein?! ... Ich weiß es aber!

Ich werde nie die ersten Worte meines Sohnes vergessen.

„Papa wo warst du die ganzen 16 Jahre."

Hier riecht es wie nach einem „Fisting Contest"!

Dich besiege ich mit einem Finger im Arsch!

Durchsage an alle Mitarbeiter: „Bitte versammelt euch zu einem geheimen Treffen im Lager. Ach ja, und sagt es nicht Tina."

Hast wohl gedacht es gibt ein Happy Ending!?

Das ist nicht die Art von Massage Salon!

Frauen furzen nicht, sie flüstern in ihr Unterhöschen.

Meine Rache wird kommen, wenn du es am wenigsten erwartest!

Darauf gibt es keine Antwort, die dir gefällt.

Hätte ich nicht schon beim Sonnenaufgang heute Morgen geweint, dann würde ich es jetzt tun.

Bist du betrunken?

Nein, ich bin nur etwas wetterfühlig.

"Räum mal auf! Hier würde nicht mal mein Hund scheißen, wenn er müsste."

Wag es nicht, meinen Penis anzufassen, während ich schlafe!

Ich glaube, ich bin noch nicht reif genug für eine solche Beziehung. Aber ich danke dir für dein Angebot.

Das war nicht ernst gemeint, wie… „Wie war dein Tag?" oder „Ich höre auf, wenn es weh tut."

Es gibt zwei Arten von Menschen: Diejenigen, die in die Dusche pinkeln, und diejenigen, die lügen.

Wenn jemand das Dorf nennt indem er wohnt:

Ah, das ist doch dort wo Herr der Ringe gedreht wurde!

Wenn jemand dich fragt, was in deinem Glückskeks steht:

"Sie sind übermäßig aggressiv und können keine Kritik vertragen."

"Das Leben ist wie eine Pralinenschachtel auf dem Boden einer Gefängnisdusche."

„Das Glück, welches du suchst, steckt in einem anderen Keks."

„Wer sein Gewicht halten will, muss auch mal grillen, wenn er keinen Hunger hat."

Kultivierte Kränkungen

Ich finde es toll, dass du dir nichts aus Mode machst!

Also, mir gefällt das nicht, aber zu dir passt es.

Ich liebe es, wie du offensichtliche Dinge aussprichst, als hättest du etwas Neues entdeckt.

Ich würde dir zustimmen, aber dann wären wir beide im Irrtum.

Das ist keine angemessene Antwort für jemanden in deinem Alter.

Du bist das Produkt einer unkontrollierten Affenpaarung.

Mein Opa sagte immer: „Wenn man sich mag, dann duzt man sich." Ich finde, das sollten Sie wissen.

Gemeine Sprüche:

Wenn der Geier ausstirbt, bist du wieder der hässlichste Vogel.

Wenn ich du wäre, würde ich alles was spielgelt kaputtschlagen und mir dir Ohren abhacken.

Dein Atem stinkt, als hätte dir eine besoffene Mariachi-Band in den Mund geschissen.

Wenn mein Hund dein Gesicht hätte, würde ich ihm den Arsch rasieren und beibringen rückwärts zu laufen."

Ist es richtig, dass du mit beiden Geschlechtsteilen geboren wurdest und bis du 5 Jahre alt warst als Mädchen groß gezogen wurdest?

Dich zu ficken, ist definitiv ein Fetisch.

„Max", verdammt nochmal! Jetzt reden die intelligenten Menschen

Die Zeit hat dir aber wirklich übel mitgespielt.

MC Donalds hat angerufen. Deine Mutter ist in der Rutsche stecken geblieben.

Du hast nichts drauf außer Zahnbelag

Du fickst meine Mutter?

Ich wusste gar nicht das meine Mutter lesbisch ist!

Hätte ich dein Gesicht würde ich lachend in eine Kreissäge rennen.

"Wo ist die Kette?"

"Welche Kette?"

"Mit der ich dich durch den Dreck gezogen hab!"

Das wird in die Hose gehen!

Wie die Hände deiner Mutter.

Bitte nimm das jetzt nicht persönlich, aber du bist wirklich ein sehr dummer Mensch!

An Ihn gerichtet...

Du bist als Kind wohl zu oft auf die Fahrradstange gefallen.

Hast du schonmal eine Frau geküsst?

Es ist schön, dich wieder in Männerkleidung zu sehen.

Dein Schwanz ist so klein, du könntest auf deine eigenen Eier pinkeln.

Du warst bestimmt mal das hübscheste Mädchen in der Schule

Wenn du dich wirklich reinhängst und fleißig lernst, kannst du bestimmt mal Gynäkologe oder Steuerberater werden.

Jeder Topf hat seinen passenden Deckel. Bringt aber nichts, wenn du ein Lappen bist.

Ich habe gehört, du stehst auf Musik, zu der man gut twerken kann.

Zu seiner Freundin/Ehefrau:

"Jeder macht mal einen Fehler. Du hattest wahrscheinlich Mitleid, und er extremes Glück."

Hast du schon einmal dein Geschlecht hinterfragt?

Hast du überhaupt eine Frau oder nur einen feuchten Sack
Mehl mit einem Loch drin?

Ich habe gehört, dass du ein Heilmittel gegen AIDS suchst,
damit du endlich wieder Sex mit Affen haben kannst.

Du hast wahrscheinlich nie die Brust bekommen oder bist
zu früh abgestillt worden.

Du riechst wie ein Hodensack in Käsedip.

An Sie gerichtet...

Du bist so attraktiv, wenn du schweigst.

Wenn du hier bist, heißt das wohl, dass gerade viele Katzen zu Hause alleine sind!

Aus einer Krähe kann man eben keine Flugente machen.

Du bist wie Schneewittchen kein Arsch und keine Tittchen.

Warum bist du so gereizt?

Hast du Sand in der Vagina?

Du siehst aus wie ne Lesbe an ihrem Abschlussball.

Du siehst aus, als hätte dir jemand mit einer Uzi Make-Up ins Gesicht geschossen.

„Schatz, riechst du das?"

"Nein, was denn?"

"Dann fang an zu kochen!"

**Wenn jemand zu dir sagt, du seiest süß,
antworte einfach:**

Erdbeeren sind süß - Ich bin großartig.

**Bei dem folgenden Spruch steht der Name
"Max Mustermann" für die männliche Person,
die du auf den Arm nehmen möchtest:**

Was passiert, wenn "Max Mustermann" mit einer Erektion
gegen eine Wand läuft?

Er bricht sich die Nase!

International:

Witze auf Englisch

Wir wissen alle, dass Lachen die universelle Sprache ist - ob unter Freunden, Arbeitskollegen oder in der Familie. Aber wie steht es um diejenigen, die kein Deutsch sprechen? Keine Sorge, mein Freund! Ab hier wird es international. Wir verbreiten den Humor über alle Grenzen hinweg und zaubern jedem ein Lächeln ins Gesicht, unabhängig von der Sprache, die er spricht. Lassen wir den Spaß beginnen!

Why do women rub their eyes when they wake up in the morning?

Because they don't have testicles!

What's the difference between a paycheck and a penis?

You don't have to beg your wife to blow your paycheck!

On a business trip to the Orient, Joe decided to spend his last night having wild sex with a Geisha Girl.

Upon returning home three weeks later, he noticed a very weird green, festering sore growing on his penis.

He went to the doctor, Dr. Jones, who, after hearing of his Orient trip and activities, told him he had Hong Kong Dong and the only cure was complete amputation.

Joe was horrified, and decided to get a second opinion. Joe contacted Dr. Smith and showed him the green growth. Dr. Smith said, "I am sorry but Dr. Jones is correct. We must amputate right away".

Joe could not accept this. His friend suggested that he visit an oriental doctor. They must deal with this all the time.

He went to Dr. Wong.

Dr. Wong agreed with the diagnosis of Hong Kong Dong, but said:

"These American Doctors - so quick to Chop Chop Chop. Amputation is not necessary."

Joe was relieved.

Dr. Wong said: "You wait three weeks and it´ll fall off on its own."

A blind man walks into a bar

and a chair

… and a table

… and people

Son comes from school and asks his dad:

"Dad I need to know the meaning of hypothetically and realistically for school."

Dad replies: "Go to your mom and ask if she would sleep with a man for 1 million dollars."

... Moms says yes.

And the Dad says: "Ok now ask your sister if she would..."

… Sister says yes.

So the father says: "You see son, hypothetically we could have 2 million bucks but realistically we just living with a couple of whores."

What bee gives milk?

Boobies.

My mom didn't like my report card

I said: Okay

She said I want more A's

I said: Okaaaaaay

I wrote a romantic comedy novel.

It´s about a boy and a girl – Classic!

First they can´t stand each other – Classic!

But then, they end up having sex – Classic!

It´s called: The rapist

How do you get a squirrel down a tree?

You pull down your pants and show him your nuts.

My wife used to smoke after sex.

So we started using lubricant.

What's the hardest part about having anal sex?

Having a cock repeatedly shoved in your ass!

How do you call a guy with no body and no nose?

Nobody knows.

Do you know what women say when they see a big dick?

No? …but I know!

An 80-year-old couple is having sex up against a fence. They manage to keep it going for a straight 45 minutes before suddenly falling down.

She says, "Good Lord, you've been doing it like this for 50 years!"

He responds, "Yes, but 50 years ago, this fence wasn't electric.

What do the Mafia and a pussy have in common?

One slip of the tongue, and you're in deep shit!

I went to the library and asked for a book on how to commit suicide. The librarian said, "Fuck off, you won't bring it back."

What did Cinderella say when she got to the ball?

Ugh.

What did the blind man say when he passes the fish market?

Good morning ladies.

What's the best part about a blowjob? Ten minutes of silence.

A penis has a sad life. His hair is a mess; his family is nuts; his neighbor is an asshole; his best friend is a pussy, and his owner beats him all the time.

What do gay men and ambulances have in common?

They both take it in the back and go "Woo Woo."

What's the difference between a blonde and a mosquito?
The mosquito stops sucking after you slap it.

What are lesbians allergic to 90% of the time?

Nuts!

What's the lesbian dinosaur called?

Lickalottapus

What's 6 inches long and leaves white stuff all over your face?

A toothbrush!

Why don't witches wear panties?

Better grip on the broom.

What's the difference between your wife and your job? Well, after 10 years, your job still sucks.

My girlfriend and I had a fight in a hotel room. She had a level 3 flip out! You know what that is... Yelling, crying, throwing stuff in the hotel room! She starts threatening me... She says: "I'm going to jump out of the window! I'm going to jump because of the way you make me feel! I hate you."

I was like: "Oh snap!" I panicked, I ran downstairs to wake up the manager... and I'm like: "Hey man, my girlfriend and I just got into a huge fight..."

He's like: "That's not my problem!" I said, "Look man, I don't think you get it, she wants to jump out of the window, she's going nuts, I need your help."

He's like: "That's NOT my problem!"

I was like: "It IS YOUR problem... The window is stuck!"

When you're on the phone, you're going to say this to the other person:

"What has a little dick and hangs down?

A bat.

What has a big dick and hangs up?"

And then you don't say anything and just hang up!

$1 + 1 = 3$, if you don't use a condom.

What did one butt cheek say to the other butt cheek? "Together, we can stop this shit."

What's worse than ants in your pants?

Uncles.

How are boobs similar to toys?

They are actually made for kids but dads end up playing with them.

What does the storm say to the palm tree?

"Hold your nuts tight, it's time to blow!"

The family gathered at the kitchen table for breakfast. The mother asked her child, "What do you want for breakfast?" and the child said, "I want the fucking French toast."

Then the mother beat the shit out of that child and sent him to his room. She turned to the other child at the table and asked, "What do you want for breakfast?" The other child answered: "I sure don't want the fucking French toast!"

I had a dream. I had to go pee in my dream and then I woke up, and my room smelled like R Kelly's recording studio.

Nipples are important.

You know why? Because without nipples, titties are pointless.

My girlfriend asked me during sex, "Did you lock the front door?"

I was like, "Yeah, there is no way you could escape."

I will never forget what my grandmother said before she passed away.

She said, "What are you doing!?"

Lustige WLAN-Namen

Zentrum der Macht

Deine ganze Bandbreite gehört uns

Einigkeit und Recht auf Wifi

Drogenfahndung_Überwachungs-Van_#4

Trojaner-Verteilungssystem Alpha_3

Michael 32 Jahre Single 24 cm

Experimentelles Atom-Labor

Skynet

◆◆◆

Loading…

◆◆◆

Hier könnte Ihre Werbung stehen

◆◆◆

Für WLAN-Passwort laut Penis rufen

◆◆◆

Dein Hund scheißt in meinen Garten

Ich habe dich nackt gesehen

◆◆◆

No Internet Access

◆◆◆

404 Network unavailable

◆◆◆

(.)(.)

◆◆◆

(o Y o)

Lustige Pornotitel

Alarm im Darm

Gay´s Anatomy

Das besteigen der Lämmer

Jana Blond – Casino Anal

Guck mal wer da schluckt

Ass wide shut

Dornmöschen

Die Prinzessin auf der Eichel

Schneeflittchen und die sieben Zwerge

Alice im Ständerland

Blutwurst in der Ritze

Aus heiterem Pimmel

Shaving Private Ryan

Spritzgebäck vom Fickolaus

Aladin und die wunde Schlampe

RoboCock

Porn Wars Periode I – Die dunkelbraune Bedrohung

Ausgesaugt und blankgelutscht

Hairy Popper und die Kammer des Schleckens

Der Club der roten Fister

Analstufe Rot

Räuber Fotzenglotz

Stadt der Engen

◆◆◆

Arielle, die Nicht-mehr-Jungfrau

◆◆◆

Vier Fäuste in Julia

◆◆◆

Stoß langsam I- III

Best of: Ok, Google

(Funktioniert zum Großteil auch mit Alexa)

Hey, Google: Möge die Macht mit dir sein!

Ok, Google: Wer ist der Boss?

Ok, Google: Beatbox!

Ok, Google: Gib mir Tiernamen!

Ok, Google: Gehst du auf Toilette?

Ok, Google: Mach mir ein Sandwich!

Ok, Google: Selbstzerstörung!

Hey, Google: Party Time!

Hey, Google: Überrasche mich!

Hey, Google: Mahlzeit

Hey, Google: Kannst du das riechen?

Hey, Google: Was hältst du von Siri?

Ok, Google: Palim Palim

Hey, Google: Ich bin besoffen

Und diese zwei eignen sich hervorragend, um Freunde zu ärgern:

Hey, Google: Zeige mir Fotos von faltigen Oma Ärschen.

Ok, Google: Setze behaarte Rieseneier auf meine Einkaufsliste.

Die ultimative Stinker Liste

Dieses kleine Geschenk von mir ist die perfekte
Ergänzung für jede Toilette!

Sie wurde bereits in den Badezimmern einiger
meiner Freunde aufgehängt und sorgt dort für
schmunzelnde Gesichter und leises Gekicher.

Und wenn du sie aufhängst, wirst du
sicherstellen, dass jeder Besucher deines
Badezimmers mit einem Grinsen auf den
Lippen wieder herauskommt!

Mit diesem QR Code kannst Du dir die Liste kostenlos herunterladen und selbst ausdrucken

Der zweite Welle Schiss: Wenn du fertig gekackt hast, deine Hose bis zu den Knien hochgezogen hast und dir klar wird, dass du noch mehr kacken musst.

Der Prinzessinnen Schiss: Die Art, bei der du gekackt hast, das Ergebnis in der Toilette sieht, aber auf dem Toilettenpapier nichts zu sehen ist.

Der feuchte Schiss: Die Art, bei der man sich den Hintern 50 Mal abwischt, er sich aber immer noch unabgewischt anfühlt. Also legt man etwas Toilettenpapier zwischen Hintern und Unterwäsche, damit man sie nicht durch Bremsspuren ruiniert.

Der Detlef D Soost Schiss: Wenn man so viel kackt, dass man 20 kg abnimmt.

Der Hodor Schiss: Er ist so gewaltig, dass man Angst hat ihn runter zu spülen, ohne ihn vorher mit der Toilettenbürste in kleine Stücke zu zerbrechen.

Der „Gott, ich wünschte ich könnte scheißen" Schiss: Es ist die Art, bei der man richtig kacken möchte, aber alles was man tut ist sitzen, sich verkrampfen und ein paar Mal furzen.

Der nasse Backen Schiss (Der Power Schiss): Die Art, die so schnell aus dem Rektum kommt, dass die Arschbacken mit Wasser bespritzt werden.

Die Flitzekacke: Die Art, bei der eine gelblich-braune Flüssigkeit aus dem Hintern schießt, über die ganze Toilette spritzt und gleichzeitig dein zartes Rektum verbrennt.

Der Fisherman's Bobber Schiss: Das ist die Art, bei der man sich im öffentlichen Klo befindet und zwei Leute vor der Tür warten. Man kackt und spült zweimal, aber mehrere golfballgroße Teile schwimmen noch immer auf dem Wasser.

Der quer Schiss: Die Art, bei der es beim Herauskommen so sehr wehtut, dass man schwören könnte, er hätte quer im After gesteckt.

Der mexikanisches Essen Schiss: Es riecht so übel, dass der Raum für den restlichen Tag kontaminiert ist.

Der VanGough Schiss: Man ist schockiert aber auch fasziniert von den verschiedenen Farben in seiner Wurst, und versucht herauszufinden was man gegessen hat, um es zu wiederholen.

Der Show-and-Tell Schiss: Du bist so beeindruckt von deinem eigenen Haufen, dass du ihn in der Schüssel lässt, damit alle deine Freunde ihn anerkennend begutachten können.

Der Arschabwischer Alptraum: Wenn die Wurst zu früh abgeklemmt wird oder abfällt, so dass eine Hälfte in die Schüssel fällt und die andere Hälfte hängen bleibt.

Der hinterhältige Schiss: Wenn man in der Öffentlichkeit denkt, man müsse furzen, aber stattdessen einen Schleichangriffsspritzer bekommt.

Die lähmende Wurst: Wenn man so lange eine Wurst sitzen hat, dass die Beine einschlafen.

Der „Er hat grade gekackt" Schiss: Wenn du mit dem Kacken fertig bist, deine kurze Hose wieder anziehst und die Öffentlichkeit die roten Druckkreise der Toilettenbrille auf der Rückseite deiner Beine sehen kann.

Der "Was krabbelte dir in den Hintern und starb"? Schiss: Natürlich warnst du niemanden vor dem giftigen Badezimmergeruch. Stattdessen stehst du unschuldig an der Tür und genießt die Show, während die anderen nach Luft schnappend hinauslaufen.

Der Ranger-Schiss: Ein Schiss, der sich weigert loszulassen. Meistens ist es notwendig, eine schaukelnde oder hüpfende Bewegung zu machen. Aber oft ist die einzige Lösung, ihn mit einem kleinen Stück Toilettenpapier wegzuschieben.

Der Fließband-Schiss: Die Art, die herauskommt wie Zahnpasta und es kommt einfach immer mehr nach. Man hat zwei Möglichkeiten: 1.) Spülen und weitermachen. 2.) Riskieren, dass er sich bis zur Ritze stapelt, während man hilflos dasitzt.

Der „Wo ist der Stinker?" Schiss: Jetzt siehst du ihn, plötzlich siehst du ihn nicht mehr! Dieser Stinker spielt Spielchen mit dir! Er erfordert Geduld und Muskelkontrolle.

Der Stimmungsaufheller: Dieser Schiss tritt nach einer längeren Periode der Verstopfung auf. Danach kannst du wieder ganz du Selbst sein.

Der "Ich werde mein Essen besser kauen" Schiss: Wenn die Tüte Nacho Chips, die du gestern Abend gegessen hast, morgens auf dem Weg nach draußen das Innere deines Haufens zerfleischt.

Der "Die Flitterwochen sind vorbei" Schiss: Das ist jeder Schiss, der in Anwesenheit einer anderen Person abgeseilt wird.

Der gasige Schiss: Er ist so laut, dass alle in Hörweite kichern.

Der Stöhner: Dieser Stuhlgang ist so riesig, dass er nicht ohne stimmliche Unterstützung abgeseilt werden kann.

Der Publikumsliebling: Dieser Schiss ist in Größe und/oder Aussehen so faszinierend, dass man ihn vor dem Spülen jemandem zeigen muss.

Der Cliffhanger: Bei dem man einfach geduldig dasitzt und wartet, bis der letzte Cliffhanger abfällt. Denn wenn man jetzt wischt, wird er überall verschmiert.

Der "Back-To-Nature" Schiss: Dieser Schiss kann von jeder Sorte sein, wird aber immer entweder im Wald oder versteckt hinter der Beifahrerseite deines Autos abgelegt.

Der Terminator: Man kackt so hart, dass man von der Toilette fällt.

Der Cowboy: Man muss so dringend kacken, dass man so lange buckelt und brüllt, bis die Kacke endlich gezähmt ist.

Der Marathon Schiss: Ausgeübt von Langstreckenläufern, die nicht aufhören wollen und deshalb in ihre Shorts kacken. (inspiriert von Jeff Reigal von BadAxe, MI)

Der Pool Schiss: Wird normalerweise von jüngeren Kindern ausgeübt. Es macht zu viel Spaß im Pool, warum also rausgehen? Anschließend hat man ein tolles schwimmendes Spielzeug!

Schlusswort

Vielleicht fragst du dich jetzt, wer hinter diesen Witzen steckt? Mein Name ist Davy Siger. Seit 14 Jahren bin ich mit meiner hinreißenden Frau verheiratet und stolzer Papa einer zehnjährigen Tochter.

Die Idee zu diesem Buch kam mir während des Corona-Lockdowns, als ich ein bisschen mehr Zeit auf der Couch verbracht habe als üblich. Ich dachte, es wäre eine tolle Idee, meiner Tochter, die gerade das Lesen lernte, ein Witzebuch zu kaufen. Denn schließlich lernt man besser, wenn man dabei lacht, oder? Doch dann habe ich diese Witze gelesen... Naja, das waren definitiv nicht die lustigsten Minuten meines Lebens.

Anschließend habe ich mir ein Witzebuch für Erwachsene gekauft. Ergebnis: Nicht viel besser. Ein paar Schmunzler, aber das war's auch schon. Ich dachte mir: „Hey, Davy, du kennst doch viel bessere Witze als die!"

Genau so war es. Seit meiner Kindheit sammle ich Witze und tausche sie mit Freunden aus. Ich habe meiner Tochter ein paar meiner jugendfreien Witze erzählt und sie fand sie tausendmal besser als die Witze in den Büchern, die wir gekauft hatten. Also dachte ich mir: „Warum nicht ein eigenes Buch schreiben?"

Also habe ich mich in meinem Büro eingesperrt und tagelang nur Witze aufgeschrieben, die ich im Kopf hatte. Zuerst dachte ich nicht an den Verkauf, sondern sah es mehr als eine persönliche Herausforderung, meine gesammelten Witze zu Papier zu bringen. Doch dann, als ich das Buch verschiedenen Buchhandlungen vorstellte, war die Resonanz überwältigend.

Und hier sind wir nun. Ich hoffe, du hast beim Lesen genauso viel gelacht wie ich beim Schreiben. Wenn dir dieses Buch gefallen hat, würde ich mich riesig über eine positive Bewertung und Weiterempfehlung freuen.

In diesem Sinne: Lass uns die Welt ein bisschen lustiger machen!

Liebe Grüße,

Davy

Impressum

ANGABEN GEMÄSS § 5 TMG:

Davy Siger

Kantstr. 38

67663 Kaiserslautern

Inhaltlich Verantwortlicher gemäß § 55 Abs. 2 RStV:

Davy Siger